Vente des Vendredi 13 et Samedi 14 A....

HOTEL DROUOT, SALLE N° 18

A DEUX HEURES

Collection de M. DUMILATTE, Artiste-Peintre

450 ESTAMPES

ANCIENNES

GRAVURES EN COULEUR

QUELQUES TABLEAUX ET DESSINS

EXPOSITION PUBLIQUE AVANT LA VENTE

M

Me J. BERLOQUIN
COMMISre-PRISEUR
Rue Saint-Lazare, n° 6.

M. L. MEISSONNIER
EXPERT
Rue Grange-Batelière, n° 3.

PARIS — 1877

Vves RENOU, MAULDE et COCK
IMPRIMEURS DE LA COMPAGNIE DES COMMISSAIRES-PRISEURS
Rue de Rivoli, 144

Collection de M. DUMILATTE
ARTISTE-PEINTRE

VENTE

D'ENVIRON

450 ESTAMPES

ANCIENNES

D'APRÈS

Boucher, Coypel, Eisen père et fils, Fragonard
Huet, Lancret, Lawreince, Leprince, Moreau, Nathier
Prud'hon, Téniers, Van Loo, Watteau
Wouwermans, etc., etc.

GRAVURES EN COULEUR

PAR DEBUCOURT ET DESCOURTIS

QUELQUES TABLEAUX ET DESSINS

Dont la vente aura lieu

HOTEL DROUOT, SALLE N° 18

Les Vendredi 13 et Samedi 14 Avril 1877

A DEUX HEURES

Par le ministère de **Me BERLOQUIN**, Commissaire-Priseur,
rue Saint-Lazare, 6,

Assisté de **M. L. MEISSONNIER**, Expert, rue Grange-Batelière, 3.

EXPOSITION PUBLIQUE AVANT LA VENTE

PARIS — 1877

CONDITIONS DE LA VENTE

Elle sera faite expressément au comptant.

Les Adjudicataires paieront CINQ CENTIMES PAR FRANC, en sus des adjudications.

DÉSIGNATION

ESTAMPES

ALBANE (L')

1 — L'Eau, par Simonneau.

SAINT-AUBIN

2 — Les Enfants bien avisés.

AUBRY

3 — L'heureuse Nouvelle.

AUDRAN

4 — Quelle force résiste aux plaisirs de l'amour?

BAUDOUIN

5 — Les Pigeons.
6 — La Fille surprise.

BARBIER (Le)

7 — Dédicace.
8 — Le galant Jardinier.
9 — Pastorale (Impression à la sanguine).
10 — Pastorale (Impression à la sanguine).

BÉNARD

11 — La Reconnaissance du berger.

BENEFIALI

12 — Jeune Fille.

BLOEMAERT

13 — Allégorie.

BOISSIEUX

14 — Paysage (Avant la lettre).

BOIZOT

15 — Terpsychore.

16 — Thalia.

BOULLONGNE (Lud. de)

17 — L'Air.

18 — L'Eau.

19 — Le Feu.

20 — La Terre.

BOUCHARDON

21 — L'Odorat.

22 — L'Attouchement.

BOUCHER

23 — La petite Fermière.

24 — Le Berger récompensé.

25 — Le Panier mystérieux.

26 — L'Amour oiseleur.

27 — L'Amour moissonneur.

28 — Vénus sur les eaux.

29 — Paysan, Paysanne.

30 — L'Amour vendangeur.

31 — Groupe d'Amours (Impression à la sanguine).

BOUCHER

32 — Groupe d'Amours (Impression à la sanguine).
33 — Groupe d'Amours (Impression à la sanguine).
34 — Groupe d'Amours (Impression à la sanguine).
35 — Groupe d'Amours (Impression à la sanguine).
36 — Groupe d'Amours (Impression à la sanguine).
37 — Pastorale : Enfants (Impression à la sanguine).
38 — Groupe : Amours.
39 — Le Tir à l'arc.
40 — Six Sujets décoratifs.
41 — Le Chien savant.
42 — Quatre Sujets décoratifs.
43 — Les Confidences pastorales.
44 — Les Amours en gaîté.
45 — Le Printemps.
46 — La Bergère laborieuse.
47 — La Toilette à la campagne.
48 — Le petit Marchand de colifichets.
49 — Le Calendrier des vieillards.
50 — Éducation de l'enfance.
51 — Esquisse.
52 — Les Amours pastorales.
53 — Les Amours pastorales.
54 — Les Amours pastorales.
55 — Les Amours pastorales.
56 — Les Charmes du printemps.

BOUCHER

57 — Diane et Actéon.
58 — Silvie guérit Philis de la piqûre d'une abeille.
59 — Les Douceurs de l'automne.
60 — Jupiter et Léda.
61 — Jupiter et Calisto.
62 — Les Amusements de la campagne.
63 — Le Goûter de l'automne.
64 — La Naissance de Vénus.
65 — La Toilette de Vénus.
66 — La jeune Bergère.
67 — Conseils de la vieillesse.
68 — Le Fleuve Scamandre.
69 — La Poésie pastorale.
70 — La Poésie satyrique.
71 — La Poésie lyrique.
72 — La Poésie épique.
73 — Diane.
74 — Pastorale (Impression à la sanguine).
75 — Les Plaisirs de la campagne.
76 — La Muse Érato.
77 — La Muse Clio.
78 — Vue des environs de Beauvais.
79 — L'Arrivée du courrier.
80 — Le Départ du courrier.
81 — Le Pasteur galant.

BOUCHER

82 — La Mort d'Adonis.

83 — Les Sabots.

84 — L'Amour enchaîné par les Grâces.

85 — Les Amants surpris.

86 — Vénus sur les eaux.

87 — Vulcain présentant à Vénus des armes pour Énée.

88 — Le Mariage de Psyché et de l'Amour.

89 — Sujet allégorique (Impression à la sanguine).

CARRACHE (Annibal)

90 — Tircis.

91 — Clizia.

CARÊME

92 — La petite Thérèse.

93 — Le Satyre impatient.

94 — Le Philosophe charitable.

CHARPENTIER

95 — L'Emplète inutile.

CIPRIANI

96 — Triomphe de la Beauté devant l'Amour.

COCHIN

97 — Monument élevé pour la ville de Reims.

98 — L'Ouvrière en dentelles.

CORRÈGE

99 — Io.

COURTIN

100 — L'Amour malin.

101 — L'Espièglerie.

COYPEL

102 — Le Flambeau de l'Amour.

103 — Portrait de Pierre-Vincent Bertin.

104 — Le Bain de Diane.

105 — Triomphe de Vénus.

106 — Colère d'Achille.

107 — L'Adieu d'Hector et d'Andromaque.

DROLLING

108 — Orphée et Eurydice.

DUMONT

109 — François II, empereur d'Allemagne et d'Autriche.

EISEN (père)

110 — La Malice enfantine.

111 — L'Attente du moment.

112 — Le Plaisir malin.

113 — Le Repos.

114 — La Dame de charité.

115 — Amusement de la jeunesse.

116 — Amusement de la jeunesse.

117 — Déguisement enfantin.

118 — Exécution du coupable.

119 — La Joueuse.

EISEN (fils)

120 — Pastorale.

121 — Le Mouton favori.

122 — Pastorale.

123 — Pastorale.

FALEUS

124 — Rendez-vous de chasse.

125 — Le Chasseur fortuné.

FERG

126 — Les Baigneuses.

FERRUS (Cyrus)

127 — La Guerre.

FOSSE (La)

128 — Acis et Galatée.

FRAGONARD

129 — La Famille du fermier.
130 — La Bascule.
131 — Le Colin-Maillard.
132 — Le Serment d'amour.
133 — La bonne Mère.
134 — La Fontaine d'amour.
135 — Le Songe d'amour.
136 — Le petit Prédicateur.
137 — L'Éducation fait tout.
138 — Regrets superflus.
139 — Les Adorateurs.
140 — Le Curieux.
141 — Annette à l'âge de quinze ans.
142 — Annette à l'âge de vingt ans.

FRANCISQUE

143 — Sommeil de Bacchus.

GRAVELOT

144 — Le Départ.

GREUZE

145 — La Fille confuse.

146 — Le grand Papa.

147 — La Famille.

148 — L'Enfant gâté.

GOLTZIUS

149 — Tête de vieillard.

GUÉRIN

150 — La Brouille.

151 — Le Raccommodement.

152 — Le Plaisir liant les ailes de l'Amour.

153 — Amours.

HUET

154 — La douce Résistance.

155 — Amours.

156 — Douleur.

157 — Jeune Fille et l'Amour.

HUET

158 — La Fidélité couronne l'Amour.

159 — La Douceur et l'Amitié enchaînent l'Amour.

160 — La Petite Jardinière.

161 — Sujet décoratif.

162 — Sujet allégorique.

163 — Deux Pastorales.

164 — Le Serpent sous les fleurs.

JEAURAT (E.)

165 — La Muse Uranie.

166 — Le Mari jaloux.

167 — Le Goûter.

JULIEN (Simon

168 — La Rose défendue.

KAUFFMAN (Angelica)

169 — Les Grâces et Vénus.

KRAUSS

170 — La Gaîté sans embarras.

171 — La Chaufferette.

LABETEAU

172 — Le 28 Septembre 1567 : Délivrance de Charles IX, à Meaux, par les Suisses.

LAIRESSE (Gérard de)

173 — Vénus et l'Amour endormi.

174 — Vénus et l'Amour dans la forge de Vulcain.

175 — Vénus traînée par deux colombes.

176 — Jeux des Amours.

177 — Jeux enfantins.

178 — Persée délivrant Andromède.

LANCRET

179 — Repas italien.

180 — Lisandre.

181 — Iris.

182 — L'Enfance.

183 — L'Adolescence.

184 — La Jeunesse.

185 — La Vieillesse.

186 — Les Oies du frère Philippe.

187 — Le Jeu des quatre coins.

188 — Les Agréments de la campagne.

189 — L'Occasion fortunée.

190 — Les Amours du bocage.

LANCRET

191 — Le Jeu de cache-cache Mitoulas.

192 — Nicaise.

193 — Le Printemps.

194 — L'Été.

195 — L'Automne.

196 — L'Hiver.

197 — Les deux Amis.

198 — La Musique champêtre.

LAWREINCE

199 — L'Assemblée au concert.

200 — La Fontaine d'amour.

201 — Le Billet doux.

202 — Qu'en dit l'abbé?

203 - Le Directeur des toilettes.

LECLERC

204 — Étude de la Musique (Impression à la sanguine).

LEFÈVRE (Robert)

205 — Vénus désarmant l'Amour.

LANFANT

206 — Les Adieux de Catin.

207 — Le Testament de la Tulipe.

LEPRINCE

208 — Le Sommeil du mari.

209 — Quatre Vignettes.

LOUTHERBOURG

210 — La bonne petite Sœur.

211 — La Tranquillité champêtre.

212 — L'Amant curieux.

213 — Le Repos du berger.

214 — Les Bergers.

215 — Le Berger entreprenant.

216 — Le doux Repos des bergers.

MAROT (F.)

217 — Galatée.

MAYER

218 — L'Innocence préfère l'Amour à la Richesse.

METTAY

219 — Le Satyre amoureux.

MEULEN (Van der)

220 — Passage du Rhin par les Français.

MONNET

221 — Renaud et Armide.

222 — Jupiter et Io.

MOREAU

223 — La Leçon.

224 — Le Retour.

225 — Le Festin royal.

226 — Le Bal masqué.

227 — Le Coup de vent.

NATHIER

228 — Nul amour sans peine, nulle rose sans épines.

229 — Vénus, éprise d'Adonis, engage l'Amour de le rendre sensible à ses feux.

NATOIRE

230 — Jupiter et Calisto.
231 — L'Alliance de la Peinture et du Dessin.

NETSCHER

232 — Prière à Vénus.

NILSON

233 — La Balançoire (Avant la lettre).
234 — La Danse (Avant la lettre).
235 — Le Mois d'août.

OCHTERWELT

236 — Éducation de l'enfance.

ORLEY

237 — Trois Sujets mythologiques.

PAROCEL

238 — Josué arrête le soleil.

PATER

239 — Vivandières de Brest.

240 — L'Orchestre de village.

PÉTRUS

241 — Délivrance de Daniel dans la fosse aux lions.

242 — Romulus enfant, remis à Laurentia par Faustulus.

243 — Vénus.

244 — Diane.

POUSSIN

245 — Jupiter, sous la forme de Diane, amoureux de Calisto.

246 — Vénus endormie, surprise et découverte par un satyre.

247 — Char d'Amphitrite.

248 — Saint Amboise.

PRUD'HON

249 — Amours de Phrosine et de Mélidore.

250 — Choisir l'objet.

251 — L'Enflammer.

252 — Les Sciences.

253 — Les Arts.

PRUD'HON

254 — L'Étude.

255 — Le Commerce.

256 — L'Industrie.

257 — L'Amour aux fers.

258 — Le Cruel rit des pleurs qu'il a fait verser.

259 — Éducation de l'Amour.

260 — La Chasse à l'Âmour.

261 — L'Assomption de la Vierge.

QUÉVERDO

262 — Estelle et Némorin.

263 — Le Rendez-vous.

264 — Les Ramiers.

265 — Le Défaut d'expérience.

RANC

266 — Jeune Fille au parasol.

RAOUX

267 — Le Rendez-vous agréable.

REGNOLDS

268 — L'Amour profane.

RIOULT

269 — S'y préparant.

ROSA (Salvator)

270 — Cinq Eaux-fortes.

RUBENS

271 — Chasse au cerf.

272 — La Lapidation.

RUOTTE

273 — L'Amour présentant un miroir à Junon.

SADLER

274 — Asie.

275 — Europe.

SCHALL (Fréd.)

276 — Le premier Baiser de l'Amour.

277 — La Saison des Amours.

SELHEIN

278 — Le Plaisir de la campagne.

TÉNIERS

279 — Saint Antoine.
280 — Les Œuvres de miséricorde.
281 — Les Canards.

TINTORET (Le)

282 — Jupiter et Léda.

TOUZÉ (J.-L.)

283 — Tableau magique.

VAN LOO

284 — Bastienne.
285 — Bethsabée.
286 — La Comédie.
287 — La Tragédie.

VARIN

288 — Les Soins rustiques.
289 — Occupations champêtres.

VIEN

290 — Offrande à Cérès.

VLEUGHELS

291 — Le Printemps.

292 — Frère Luce.

WATTEAU

293 — L'Été.

294 — L'Hiver.

295 — L'Automne.

296 — L'Enfance.

297 — Poisson en habit de paysan.

298 — Demoiselle de qualité coiffée en cheveux.

299 — Conversation galante.

300 — Le Bouquet de Bacchus.

301 — Pierrot content.

302 — La Partie carrée.

303 — Le Lorgneur.

304 — L'Intrigue.

305 — L'Escarpolette.

306 — Les Agréments de l'été.

307 — La Conversation.

308 — Bon voyage.

309 — Le Collin-Maillard.

310 — L'Amour au Théâtre-Français.

311 — Le Plaisir pastoral.

312 — La Vue.

WATTEAU

313 — Le Toucher.

314 — L'Eau.

315 — L'Ouïe.

WEST (B.)

316 — Pastorale (Impression à la sanguine).

WOUWERMANS

317 — Garde avancée de hulans.

318 — La Famille du maréchal.

ZACCARELLI

319 — Le Sommeil d'Adonis.

INCONNUS

320 — Mort de Lucrèce.

321 — Jésus à table, avec ses deux disciples, dans le château d'Emmaüs.

322 — Deux Allégories.

323 — Le Sommeil de Vénus.

324 — Allégorie de la Musique.

325 — Réduction de la ville de Marsal, en Lorraine.

326 — Soixante-cinq Gravures diverses.

DESSINS

327 — **Boucher** (Attribué à). Groupe : Amours.

328 — **Id.** Pastorale (Sanguine).

329 — **Lebrun.** Sacrifice.

330 — **Eschard** (E.). Tête de vieillard.

331 — **Jeaurat** (1781). Jupiter.

332 — **Noël.** Marine (Gouache).

333 — Le Lever (Gouache).

334 — **Poussin** (Attribué au). Pastorale.

335 — **Raphaël** (Attribué à). Christ (Sanguine).

336 — **Salvator.** Hommes d'armes.

337 — **Vernet** (Carle). Tête de cheval.

GRAVURE SUR PARCHEMIN

GRAVURES EN COULEUR

338 — **Carême.** L'agréable Surprise.

339 — **Id.** L'agréable Exemple.

340 — **Debucourt** (d'après Lecomte). Le Soir.

341 — **Id.** (d'après Lecomte). La Nuit.

342 — **Descourtis** (d'après Launay). Foire de village.

343 — **Id.** (d'après Launay). Noce de village.

344 — **Huet.** La Marchande de poissons.

345 — **Id.** La Bergère récompensée.

346 — **Lawreince.** La Confidence.

347 — **Monnet.** Zéphir enlève Psyché.

348 — **Schall.** La Lanterne magique.

349 — Vue générale du temple de la Concorde à Agrigente.

350 — **West** (B.). Plaisirs innocents.

351 — **Id.** Espièglerie.

352 — Sous ce numéro, les Objets omis au Catalogue et les Tableaux.

NOTA. — Plusieurs des lots, vu leur importance, seront divisés; d'autres, seront réunis.

Vve Renou, Maulde et Cock, impr de la Compagnie des Commissaires-Priseurs, rue de Rivoli, 144. 74911

www.ingramcontent.com/pod-product-compliance
Ingram Content Group UK Ltd.
Pitfield, Milton Keynes, MK11 3LW, UK
UKHW020531180726
13839UKWH00005B/2435

9 782329 509969